Impressum
Verlag: BABADADA GmbH, Nedderfeld 112 , 22529 Hamburg
Geschäftsführer / Verlagsleitung: Harald Hof
Druck: Books on Demand GmbH, In de Tarpen 42, 22848 Norderstedt

Imprint
Publisher: BABADADA GmbH, Nedderfeld 112 , 22529 Hamburg, Germany
Managing Director / Publishing direction: Harald Hof
Print: Books on Demand GmbH, In de Tarpen 42, 22848 Norderstedt, Germany

المدرسة

школа

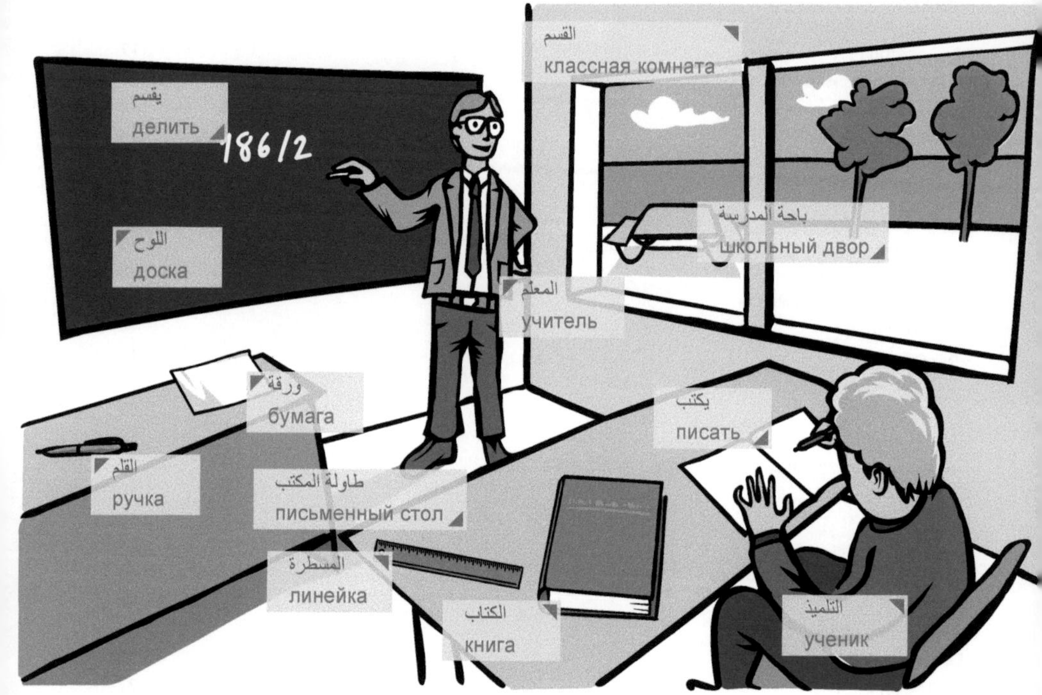
القسم
классная комната
يقسم
делить
186/2
اللوح
доска
باحة المدرسة
школьный двор
المعلّم
учитель
ورقة
бумага
يكتب
писать
القلم
ручка
طاولة المكتب
письменный стол
المسطرة
линейка
الكتاب
книга
التلميذ
ученик

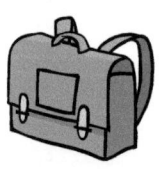

الحقيبة المدرسية

ранец

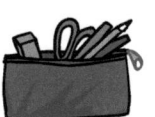

المقلمة

пенал

قلم الرصاص

карандаш

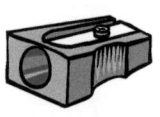

البرّاية

точилка

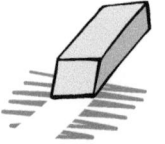

المِمحاة

ластик

دفتر الرسم

альбом для рисования

الرسمة

рисунок

الفرشاة

кисточка

علبة التلوين

коробка красок

المقص

ножницы

المادة اللاصقة

клей

دفتر التمارين

тетрадь

الواجب المدرسي

домашняя работа

12

الرقم

цифра

2+2

يجمع

прибавлять

5-2

يطرح

вычитать

2×2

يضرب

умножать

يحسب

считать

A

الحرف

буква

ABCDEFG HIJKLMN OPQRSTU VWXYZ

الأبجدية

алфавит

hello

كلمة

слово

النص

текст

يقرأ

читать

الطبشور

мел

الحصة

урок

دفتر الدوام المدرسي

классный журнал

الامتحان

экзамен

شهادة

диплом

اللباس المدرسي

школьная форма

التعليم

образование

الموسوعة

энциклопедия

الجامعة

университет

المجهر

микроскоп

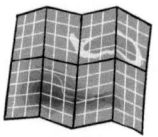

الخريطة

карта

قماما

корзина для бумаг

سفر

путешествие

فندق
гостиница
Grand
بيت الشباب
турбаза
ROOMS
EXCHANGE
مكتب صرافة
пункт обмена валюты
حقيبة
чемодан
سيارة
автомобиль

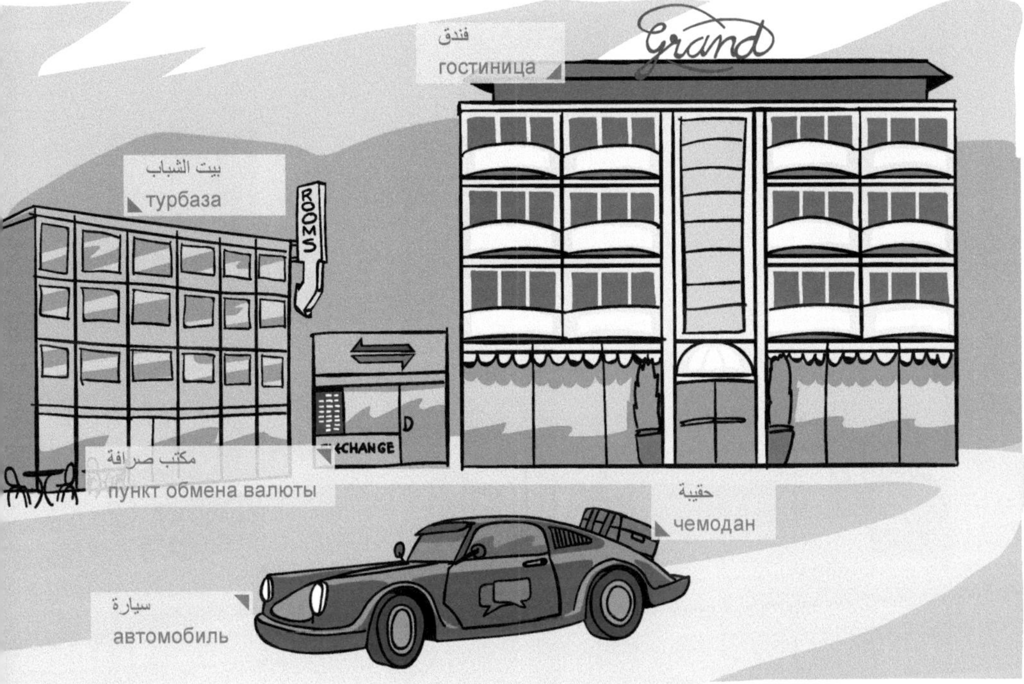

اللغة

язык

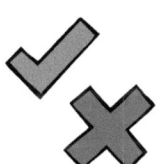

نعم / لا

да / нет

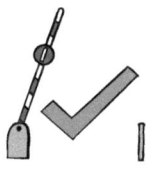

حسناً

хорошо

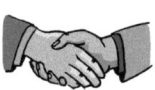

مرحباً

Привет

مترجم

переводчик

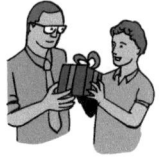

شكراً

Спасибо

كم ثمن ... ؟

Сколько стоит...?

لا أفهم

Я не понимаю

مشكلة

проблема

مساء الخير

Добрый вечер!

صباح الخير!

Доброе утро!

ليلة سعيدة

Доброй ночи!

إلى اللقاء

До свидания

اتجاه

направление

أمتعة السفر

багаж

حقيبة

сумка

حقيبة ظهر

рюкзак

ضيف

гость

غرفة

комната

كيس للنوم

спальный мешок

خيمة

палатка

استعلامات سياحية

туристическая
информация

شاطئ

пляж

بطاقة انتمان

кредитная карточка

إفطار

завтрак

طعام الغداء

обед

العشاء

ужин

بطاقة سفر

билет

مصعد

лифт

طابع بريدي

почтовая марка

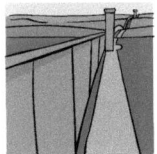

حدود

граница

الجمارك

таможня

سفارة

посольство

تأشيرة

виза

جواز سفر

паспорт

نقل
транспорт

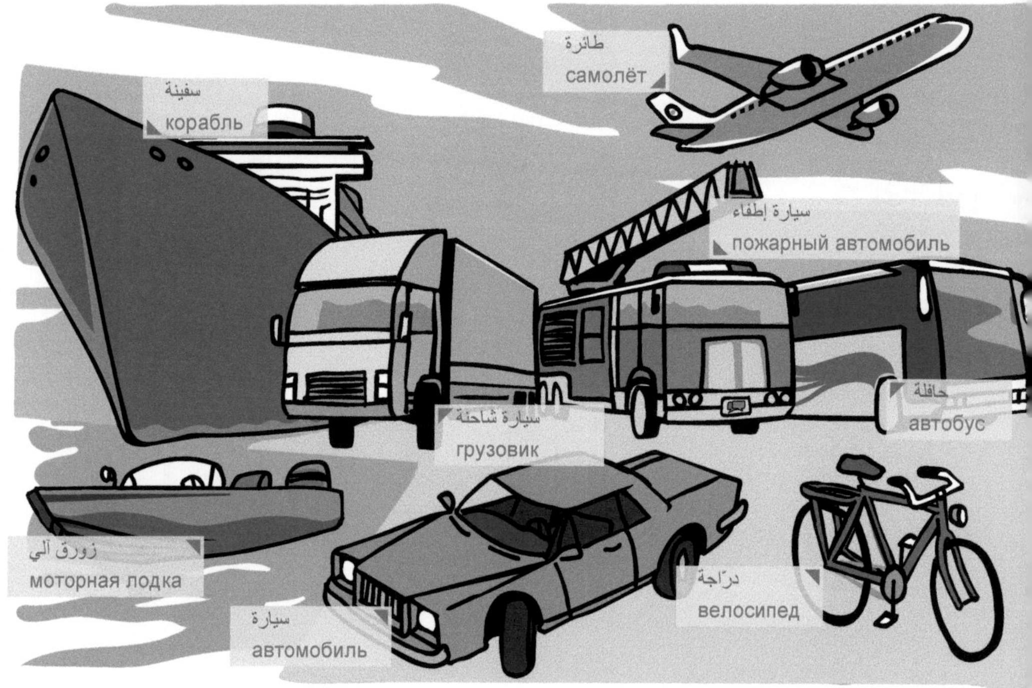
طائرة
самолёт
سفينة
корабль
سيارة إطفاء
пожарный автомобиль
حافلة
автобус
سيارة شاحنة
грузовик
زورق آلي
моторная лодка
درّاجة
велосипед
سيارة
автомобиль

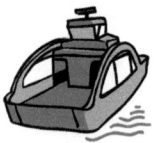

عبارة

паром

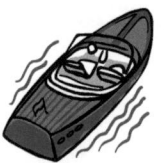

قارب

лодка

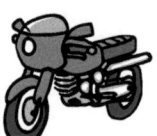

دراجة نارية

мотоцикл

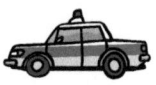

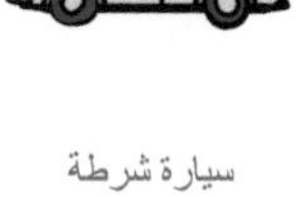

سيارة شرطة

полицейский автомобиль

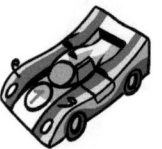

سيارة سباق

гоночный автомобиль

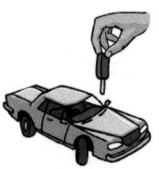

سيارة مستأجرة

арендованный автомобиль

أسلوب تشاركي في استئجار السيارات

совместное пользование
автомобилями

سيارة للجر

буксировочный
автомобиль

سيارة نقل القمامة

мусоровоз

محرك

двигатель

وقود

топливо

محطة وقود

заправка

إشارة مرور

дорожный знак

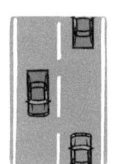

حركة السير

движение

ازدحام سير

пробка

موقف سيارات

автостоянка

محطة قطار

вокзал

سكك حديدية

рельсы

قطار

поезд

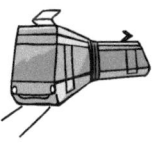

ترام

трамвай

عربة قطار

вагон

طائرة مروحية

вертолёт

مطار

аэропорт

برج

вышка

مسافر

пассажир

حاوية

контейнер

علبة كرتون

коробка

عربة يد

тележка

سلة

корзина

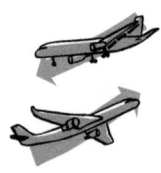

يقلع / يهبط

взлетать / приземляться

مدينة

город

قرية

деревня

مركز المدينة

центр города

بيت

дом

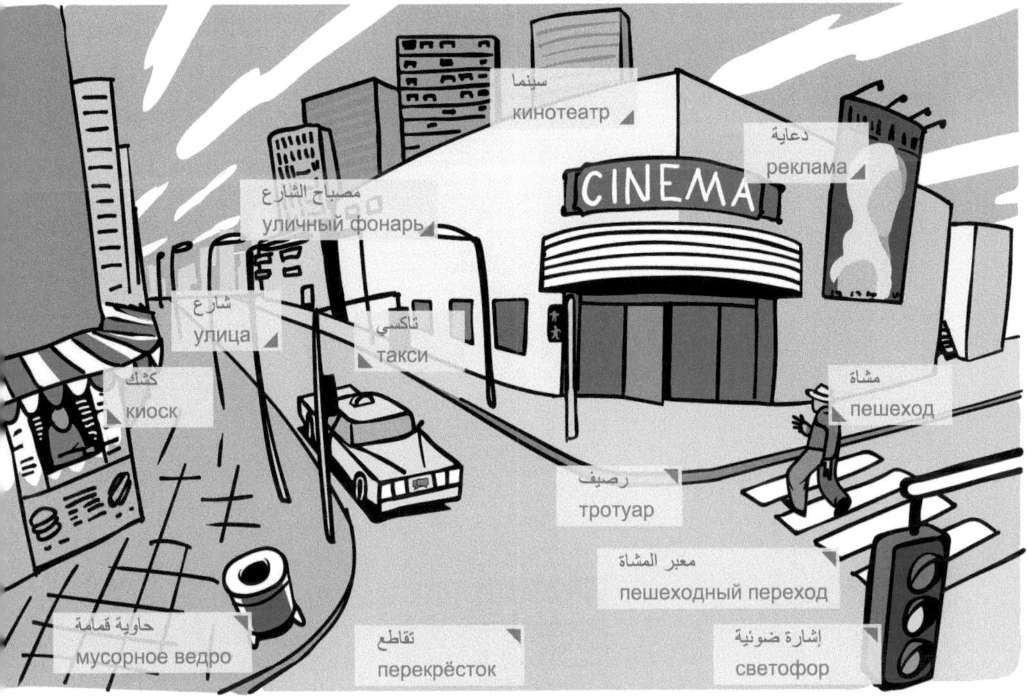

سينما
кинотеатр

دعاية
реклама

مصباح الشارع
уличный фонарь

شارع
улица

تاكسي
такси

كشك
киоск

مشاة
пешеход

رصيف
тротуар

معبر المشاة
пешеходный переход

حاوية قمامة
мусорное ведро

تقاطع
перекрёсток

إشارة ضوئية
светофор

CINEMA

كوخ
хижина

شقة
квартира

محطة قطار
вокзал

دار البلدية
ратуша

متحف
музей

المدرسة
школа

الجامعة

университет

مصرف

банк

المستشفى

больница

فندق

гостиница

صيدلية

аптека

مكتب

офис

مكتبة

книжный магазин

متجر

магазин

محل لبيع الزهور

цветочный магазин

سوبرماركت

супермаркет

سوق

рынок

متجر كبير

универмаг

تاجر السمك

торговец рыбой

مركز تسوّق

торговый центр

ميناء

порт

حديقة عامة

парк

مقعد

скамейка

جسر

мост

درج، سلم

лестница

مترو

метро

نفق

тоннель

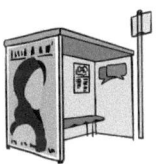

موقف حافلات

автобусная остановка

بار

бар

مطعم

ресторан

صندوق البريد

почтовый ящик

لافتة باسم الشارع

табличка с названием
улицы

مقياس زمن الوقوف

паркометр

حديقة حيوانات

зоопарк

مسبح

бассейн

مسجد

мечеть

مزرعة

ферма

تلوث البيئة

загрязнение окружающей среды

مقبرة

кладбище

كنيسة

церковь

ملعب الأطفال

детская площадка

معبد

храм

طبيعة ريفية

ландшафт

![landscape scene]

ورقة
лист

علامة إرشاد
дорожный указатель

طَريق
дорога

مرج
луг

حجر
камень

شجرة
дерево

رحّالة
путешественник

نهر
река

عشب
трава

زهرة
цветок

وادٍ

долина

جبل

гора

بحيرة

озеро

غابة

лес

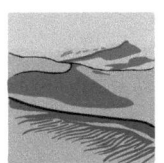

صحراء

пустыня

بركان

вулкан

قلعة

замок

قوس قزح

радуга

فطر

гриб

نخلة

пальма

بعوض

комар

ذبابة

муха

نملة

муравей

نحلة

пчела

عنكبوت

паук

خنفساء

жук

ضفدعة

лягушка

سنجاب

белка

قنفذ

еж

أرنب

заяц

بومة

сова

عصفور

птица

بجعة

лебедь

خنزير برّي

кабан

غزال

олень

إلكة

лось

سد

плотина

دولاب الطاحونة الهوائية

ветряной генератор

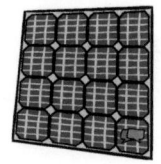

خلية شمسية

солнечная батарея

مناخ

климат

مطعم

ресторан

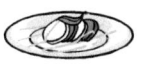

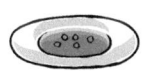

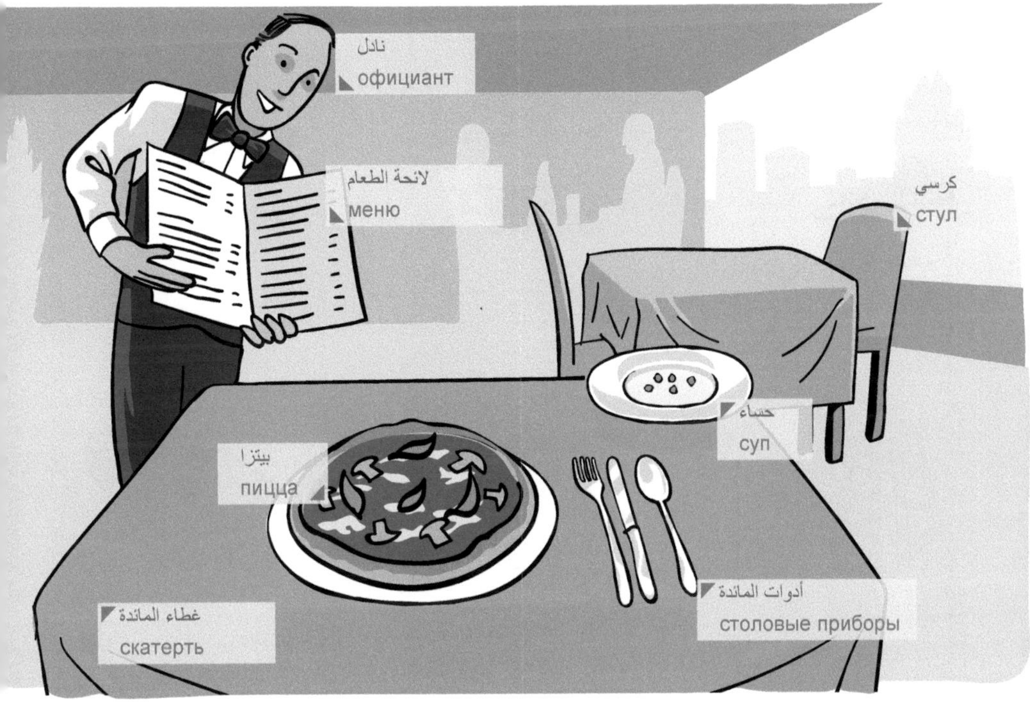

نادل
официант
لائحة الطعام
меню
كرسي
стул
حساء
суп
بيتزا
пицца
أدوات المائدة
столовые приборы
غطاء المائدة
скатерть

مقبلات

закуска

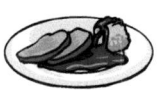

الصحن الرئيسي

главное блюдо

حلوى أو فاكهة بعد الطعام

десерт

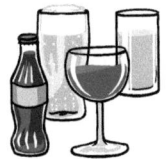

مشروبات

напитки

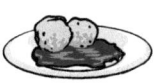

طعام

еда

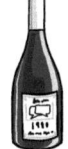

زجاجة

бутылка

وجبات سريعة

фастфуд

طعام الشارع

уличная еда

إبريق الشاي

чайник

علبة السكر

сахарница

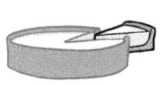

حصّة

порция

آلة الإسبريسو

кофеварка

كرسي عالٍ

детский стульчик

فاتورة

счет

صينية

поднос

سكين

нож

شوكة

вилка

ملعقة

ложка

ملعقة الشاي

чайная ложка

منديل المائدة

салфетка

كأس

стакан

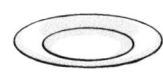

صحن

تارелка

صحن الحساء

суповая тарелка

صحن الفنجان

блюдце

صلصة

соус

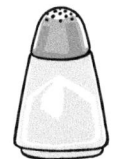

مملحة

солонка

مطحنة الفلفل

мельница для перца

خلّ

уксус

زيت الطعام

масло

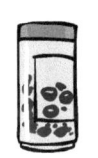

توابل

специи

كتشاب

кетчуп

خردل

горчица

مايونيز

майонез

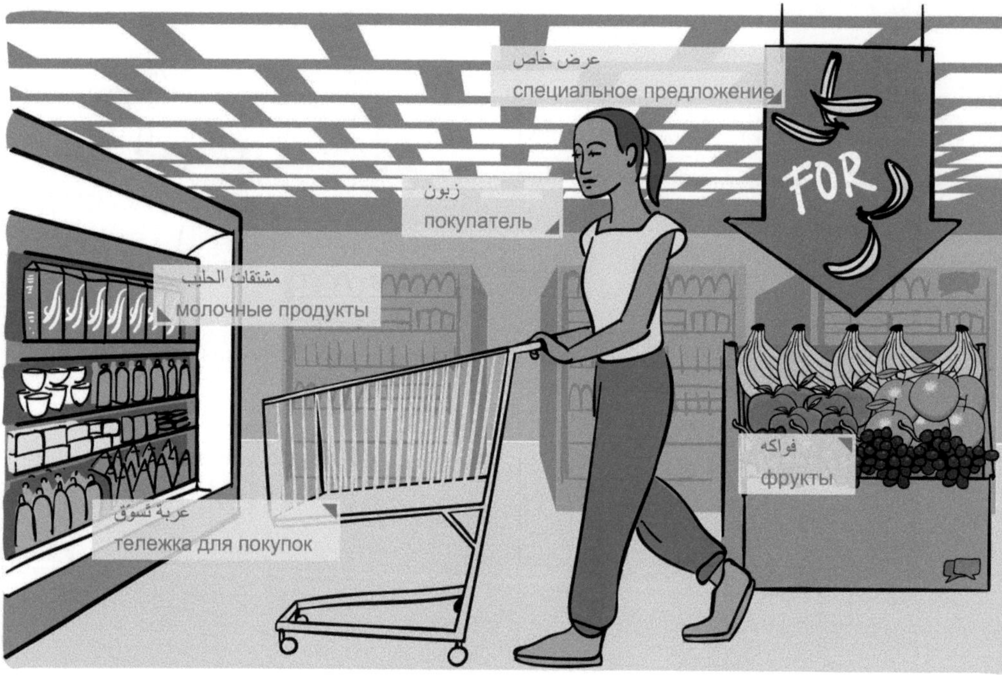

عرض خاص
специальное предложение
FOR
زبون
покупатель
مشتقات الحليب
молочные продукты
فواكه
фрукты
عربة تَسوق
тележка для покупок

BUTCHERS

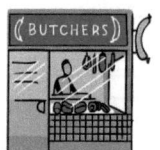

جزّار
....
мясной магазин

BAKERY

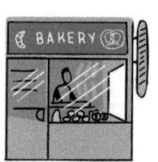

مخبز
....
пекарня

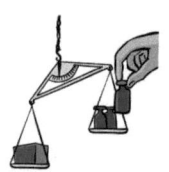

يزن
....
взвешивать

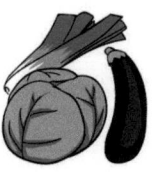

خضار
....
овощи

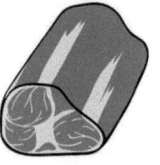

لحم
....
мясо

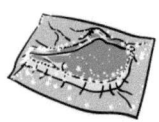

المأكولات المجمّدة
....
быстрозамороженные продукты

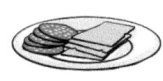

مرتدلا أو جبن

نарезка

معلبات

консервы

مسحوق الغسيل

стиральный порошок

حلويات

сладости

المواد المنزلية

предмет домашнего обихода

منظّفات

моющее средство

بائعة

продавщица

صندوق الحساب

касса

أمين صندوق

кассир

قائمة المشتريات

список покупок

أوقات العمل

время работы

محفظة النقود

бумажник

بطاقة ائتمان

кредитная карточка

حقيبة

сумка

كيس بلاستيكي

полиэтиленовый пакет

ماء

вода

عصير

сок

حليب

молоко

كولا

кока-кола

نبيذ

вино

بيرة

пиво

كحول

алкоголь

كاكاو

какао

شاي

чай

قهوة

кофе

قهوة إسبريسو

эспрессо

كابوتشينو

капучино

موزة

банан

تفاح

яблоко

برتقال

апельсин

بطيخ

арбуз

ليمون

лимон

جزرة

морковь

ثوم

чеснок

خيزران

бамбук

بصل

лук

فطر

гриб

لوزيات

орехи

شعيرية

лапша

سباغيتي

спагетти

أرزّ

рис

سلطة

салат

بطاطا مقلية

картофель фри

بطاطا مقلية

жареный картофель

بيتزا

пицца

هامبورغر

гамбургер

ساندويش

сэндвич

شريحة لحم مقلية

шницель

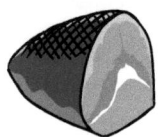

لحم خنزير

ветчина

سلامي

салями

سجق

колбаса

دجاج

курица

لحم محمر

жаркое

سمك

рыба

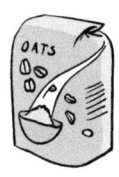

دقيق الشوفان

овсяные хлопья

موسلي

мюсли

كورن فلكس

кукурузные хлопья

طحين

мука

كرواسان

круассан

خبز صغير

булочка

خبز

хлеб

خبز محمص

тост

بسكويت

печенье

زبدة

масло

لبن زبادي

творог

كعكة

пирог

بيضة

яйцо

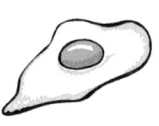

بيض مقلي

яичница

جبنة

сыр

طعام - еда

25

مثلّجات

мороженое

سكر

сахар

عسل

мёд

مربّى الفاكهة

мармелад

كريم النوغا

крем с нугой

الكاري

карри

مزرعة

ферма

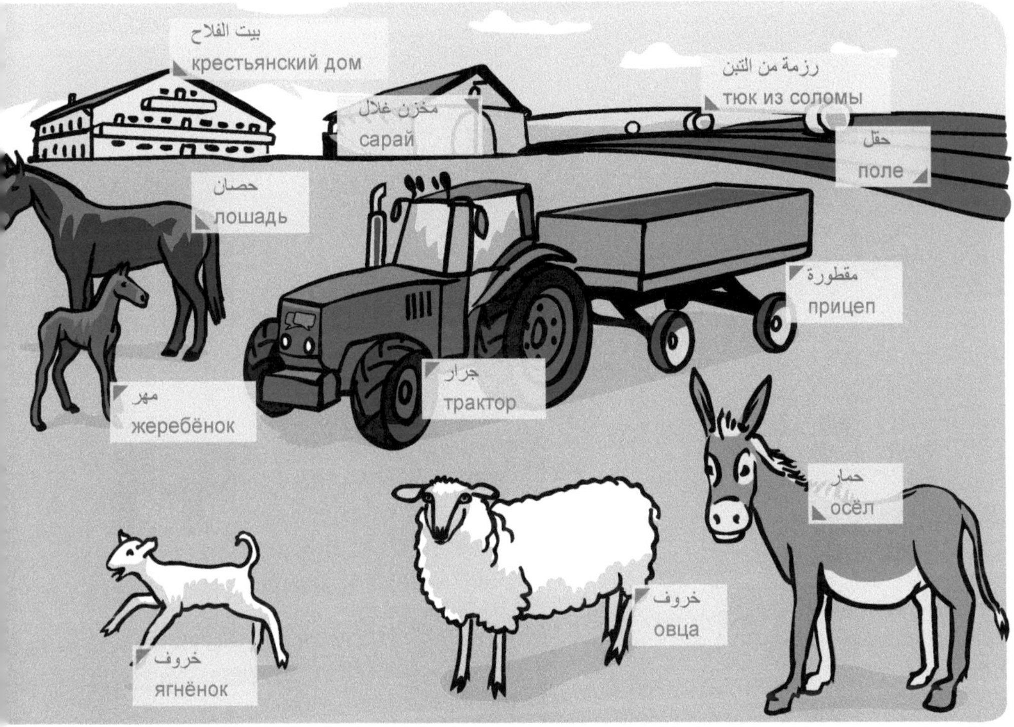
بيت الفلاح
крестьянский дом
مخزن غلال
сарай
رزمة من التبن
тюк из соломы
حقل
поле
حصان
лошадь
مقطورة
прицеп
مهر
жеребёнок
جرار
трактор
حمار
осёл
خروف
овца
خروف
ягнёнок

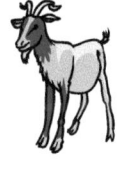

ماعز

коза

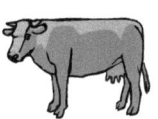

بقرة

корова

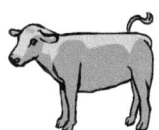

عجل

телёнок

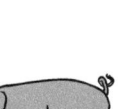

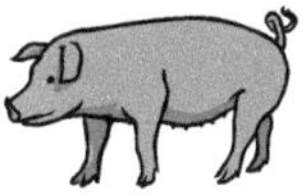

خنزير

свинья

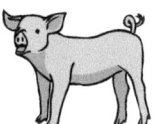

خنزير صغير

поросёнок

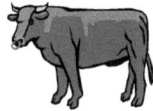

ثور

бык

إوزّة

гусь

بطة

утка

صوص

цыплёнок

دجاجة

курица

ديك

петух

جرذ

крыса

قطّة

кошка

فأر

мышь

ثور

вол

كلب

собака

كوخ الكلب

конура

خرطوم الحديقة

садовый шланг

إبريّق

лейка

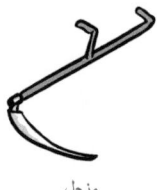

منجل

коса

المحراث

плуг

منجل

серп

معزقة

мотыга

مذراة الزبل

навозные вилы

بلطة

топор

عربة يد

тачка

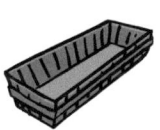

معلف

корыто

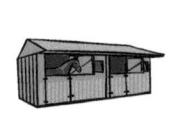

صفيحة الحليب

бидон для молока

كيس

мешок

سياج

забор

اصطبل

хлев

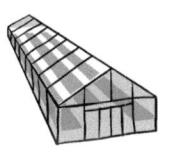

دفيئة

теплица

تربة

почва

بذور

посев

سماد

удобрение

حصّادة درّاسة

комбайн

يحصد

собирать урожай

محصول

урожай

بطاطا يامس

ямс

قمح

пшеница

صويا

соя

بطاطا

картофель

ذرة

кукуруза

سلجم

рапс

شجرة فاكهة

фруктовое дерево

نبات منيهوت

маниок

الحبوب

злаки

بيت

ДОМ

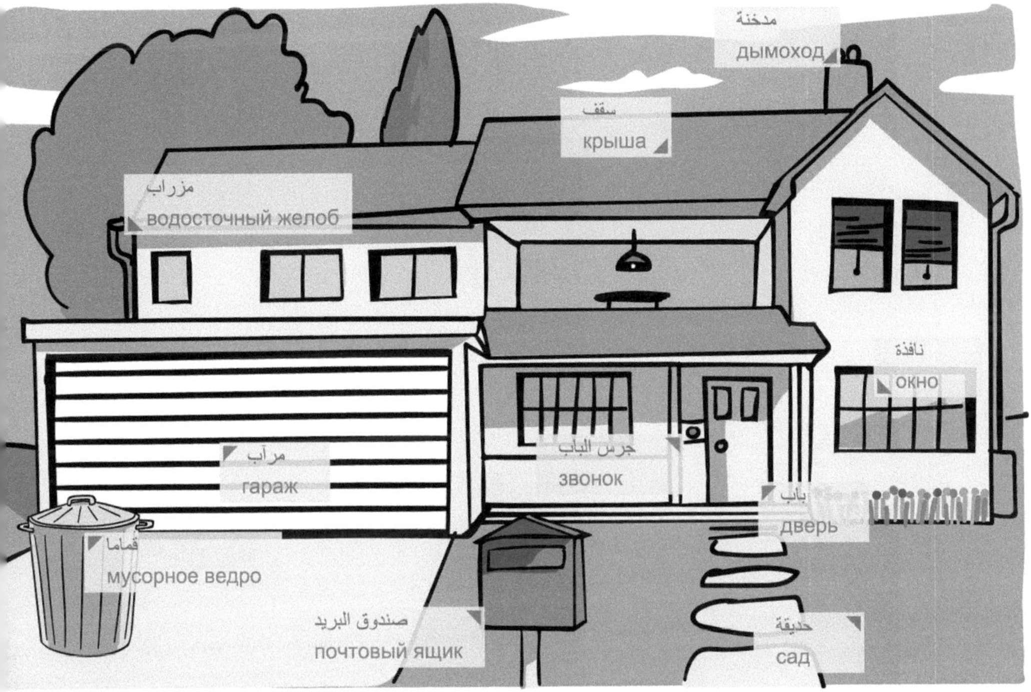

مدخنة
дымоход
سقف
крыша
مزراب
водосточный желоб
نافذة
окно
مرآب
гараж
جرس الباب
звонок
باب
дверь
قماما
мусорное ведро
صندوق البريد
почтовый ящик
حديقة
сад

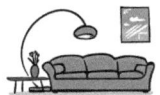

غرفة جلوس
....
гостиная

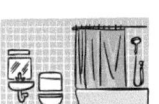

الحمّام
....
ванная комната

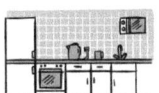

مطبخ
....
кухня

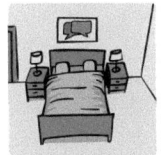

غرفة النوم
....
спальня

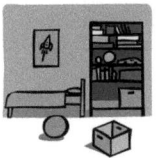

غرفة الأطفال
....
детская комната

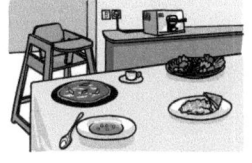

غرفة الطعام
....
столовая

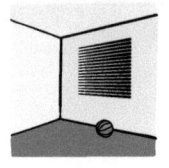

أرضية
....
пол

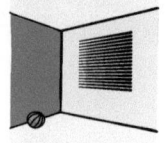

حائط
....
стена

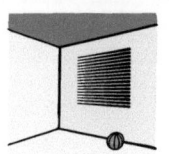

سقْف
....
потолок

قبو
....
подвал

ساونا
....
сауна

بلكون
....
балкон

شرفة
....
терраса

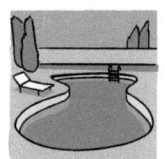

مسبح
....
бассейн

جزّازة العشب
....
газонокосилка

بياضات السرير
....
пододеяльник

بطانية
....
покрывало

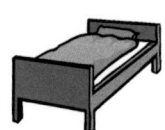

سرير
....
кровать

مكنسة
....
метла

سطل
....
ведро

مفتاح كهربائي
....
выключатель

غرفة جلوس

гостиная

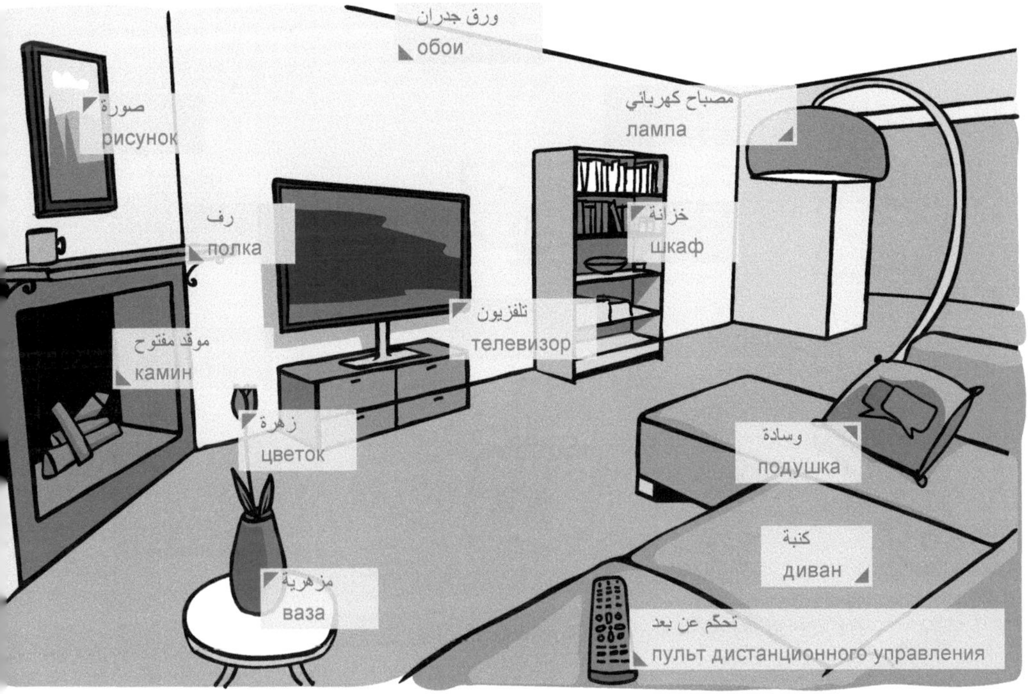
ورق جدران
обои
صورة
рисунок
مصباح كهربائي
лампа
رف
полка
خزانة
шкаф
تلفزيون
телевизор
موقد مفتوح
камин
زهرة
цветок
وسادة
подушка
كنبة
диван
مزهرية
ваза
تحكم عن بعد
пульт дистанционного управления

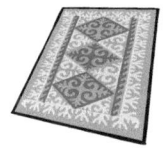

بساط

ковёр

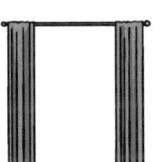

ستارة

штора

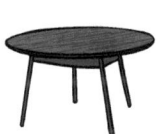

طاولة

стол

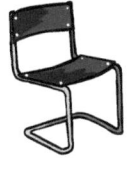

كرسي

стул

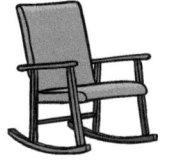

كرسي هزّاز

кресло-качалка

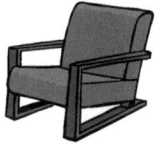

كرسي ذو ذراعين

кресло

الكتاب

книга

بطانية

покрывало

زخرفة

украшение

الحطب

дрова

فيلم

фильм

تجهيزات ستيريو

стереосистема

مفتاح

ключ

جريدة

газета

لوحة مرسومة

картина

مُلصق

плакат

راديو

радио

دفتر ملاحظات

блокнот

المكنسة الكهربائية

пылесос

صبّار

кактус

شمعة

свеча

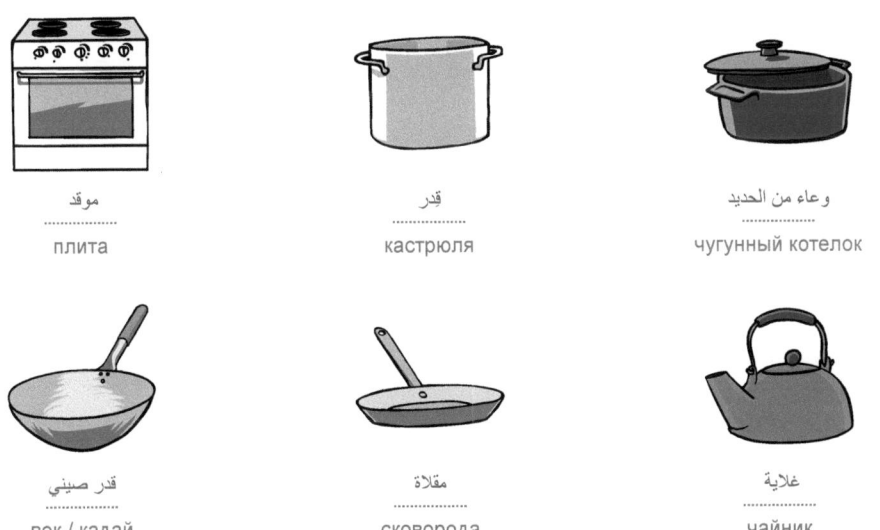

مطبخ
кухня

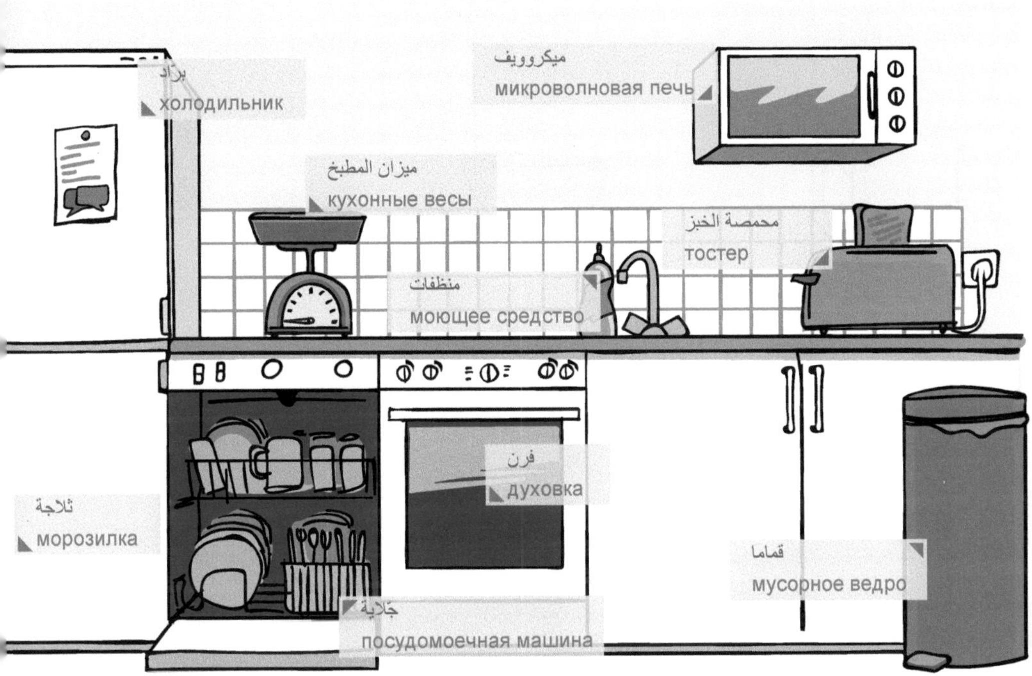

برّاد
холодильник
ميكروويف
микроволновая печь
ميزان المطبخ
кухонные весы
محمصة الخبز
тостер
منظفات
моющее средство
فرن
духовка
ثلاجة
морозилка
قماما
мусорное ведро
جَلاية
посудомоечная машина

موقد
....
плита

قِدر
....
кастрюля

وعاء من الحديد
....
чугунный котелок

قدر صيني
....
вок / кадай

مقلاة
....
сковорода

غلاية
....
чайник

قدر البخار

пароварка

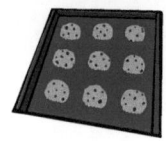

صينية

противень

أواني

посуда

فنجان

кружка

صحن

миска

عيدان الأكل

палочки для еды

مغرفة

половник

ملعقة منبسطة

лопатка

خفّاقة

сбивалка

مصفاة

сито

مصفاة

сито

مبشرة

тёрка

هاون

ступка

شواء

гриль

موقد

костёр

لوح التقطيع

доска

نشّابة

скалка

مفتاح الزجاجات

штопор

علبة

жестяная банка

مفتاح العلب المعدنية

консервный нож

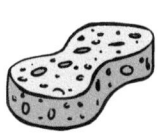

قماش الفرن

прихватка

مجلى

раковина

فرشاة

щетка

غير

إسفنج

губка

خلاط

миксер

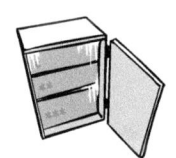

مجمّدة

морозильная камера

زجاجة الطفل

бутылочка для кормления

صنبور الماء

кран

الحمّام

ванная комната

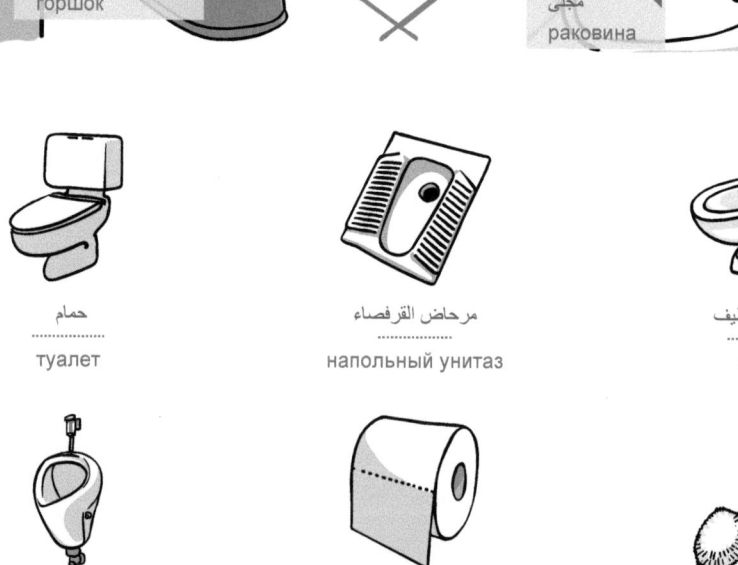

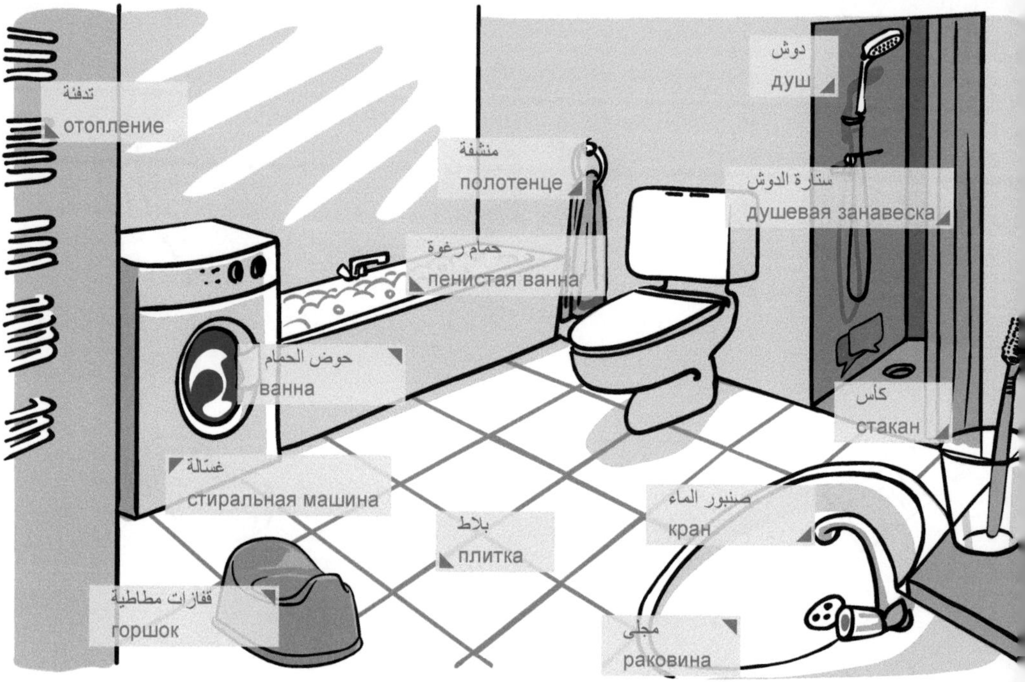

تدفئة
отопление
دوش
душ
منشفة
полотенце
ستارة الدوش
душевая занавеска
حمام رغوة
пенистая ванна
حوض الحمام
ванна
كأس
стакан
غسّالة
стиральная машина
صنبور الماء
кран
بلاط
плитка
قفازات مطاطية
горшок
مجلى
раковина

حمام
....
туалет

مرحاض القرفصاء
....
напольный унитаз

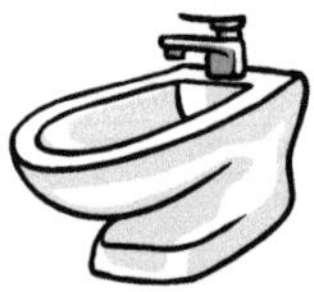

حوض التشطيف
....
биде

مبولة
....
писсуар

ورق المرحاض
....
туалетная бумага

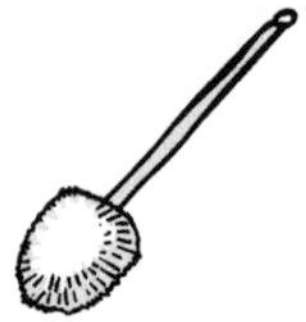

فرشاة الحمام
....
ершик

فرشاة الأسنان

зубная щетка

معجون الأسنان

зубная паста

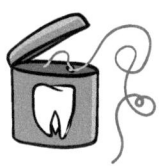

خيط حرير لتنظيف الأسنان

зубная нить

يغسل

мыть

رشاش ماء يدوي

ручной душ

شطاف

интимный душ

حوض الغسيل

таз

فرشاة الظهر

щетка для спины

صابون

мыло

جيل الدوش

гель для душа

شامبو

шампунь

ممسحة

мочалка

مصرف للماء

сток

مرهم

крем

مزيل الروائح

дезодорант

مرآة

зеркало

مرآة يد

ручное зеркало

موس حلاقة

бритва

رغوة الحلاقة

пена для бритья

كولونيا

лосьон после бритья

مشط

расческа

فرشاة

щетка

سشوار

фен

مثبت للشعر

лак для волос

ماكياج

косметика

روج

губная помада

طلاء أظافر

лак для ногтей

قطن

вата

مقص أظافر

маникюрные ножницы

عطر

духи

سلّة الغسيل

косметичка

مقعد صغير

табуретка

ميزان

весы

معطف الحمام

халат

قفازات مطاطية

резиновые перчатки

سدادة قطنية

тампон

منشفة صحية

гигиеническая прокладка

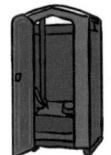

تواليت كيميائية

биотуалет

غرفة الأطفال
детская комната

منبّه
будильник
الحيوانات المحنطة
мягкая игрушка
سيارة لعبة
игрушечный автомобиль
خشخشة
погремушка
بيت الدمى
кукольный домик
هدية
подарок

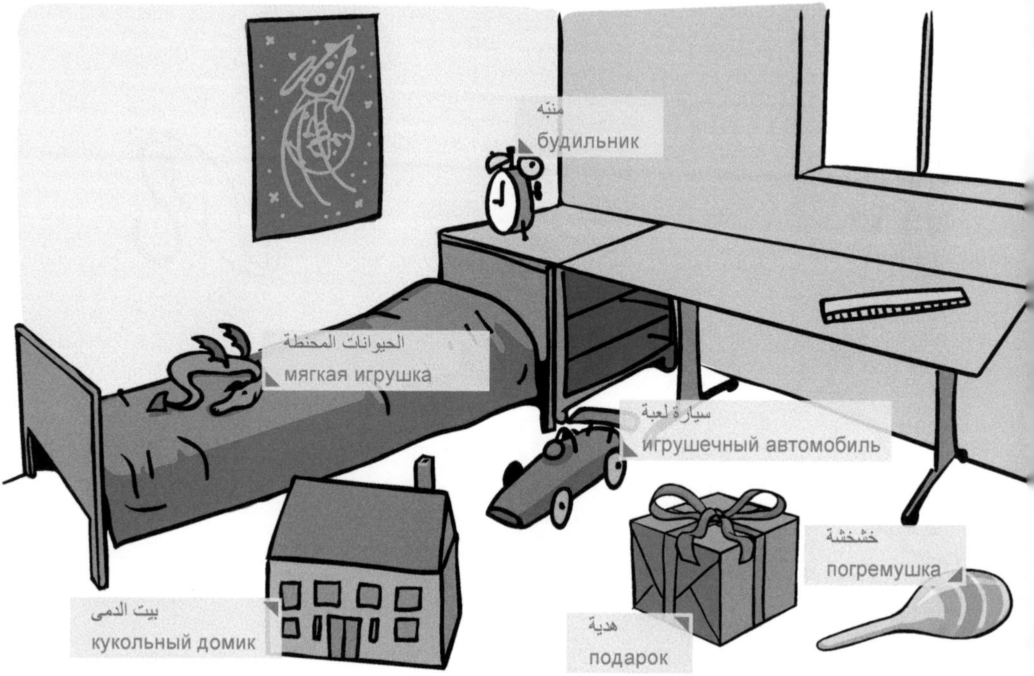

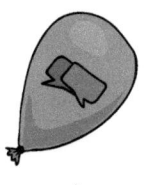

بالون

воздушный шар

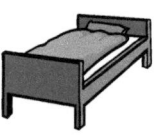

سرير

кровать

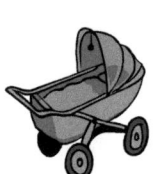

عربة الأطفال

детская коляска

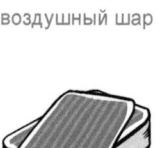

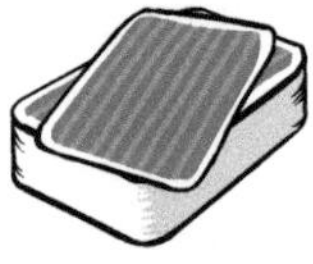

لعبة الورق

карточная игра

أحجية

пазл

SUPER
MEGA

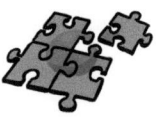

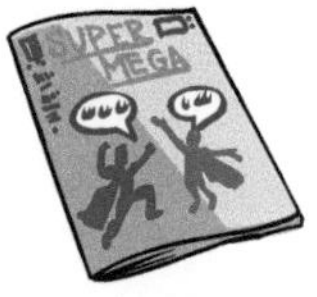

رسوم هزلية

комикс

أحجار الليغو

كирпичики Лего

حجارة تركيب

кубики

دمية بطل

игрушечная фигурка

لباس الطفل

ползунки

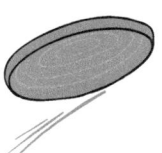

فريسبي

фрисби

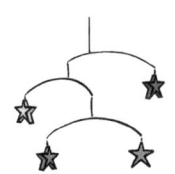

دمية معلّقة

мобиле

لعبة الطاولة

настольная игра

لعبة النرد

кубик

لعبة قطار

модель железной дороги

مصّاصة

соска

حفلة

вечеринка

كتاب مصوّر

книга с картинками

كرة

мяч

دمية

кукла

يلعب

играть

ملعب رملي للأطفال

песочница

أرجوحة

качели

لعبة

игрушка

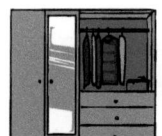

ألعاب فيديو

игровая приставка

دراجة ثلاثية

трёхколесный велосипед

دمية على شكل الدب

плюшевый медвежонок

خزانة الثياب

шкаф для одежды

جوارب قصيرة

носки

جوارب طويلة

чулки

جورب بنطلون

колготки

شال
шарф

شمسية
зонтик

تي شيرت
футболка

حزام
ремень

حذاء شتوي
сапоги

شبشب
тапки

أحذية رياضية
кроссовки

صندل
....
сандалии

حذاء
....
ботинки

جزمة كاوتشوك
....
резиновые сапоги

سروال داخلي
....
трусы

صدّارة
....
бюстгальтер

قميص داخلي
....
майка

لباس ملاصق للجسم
·········
боди

بنطلون
·········
брюки

جينز
·········
джинсы

تنورة
·········
юбка

بلوزة
·········
блузка

قميص
·········
рубашка

سترة قطنية
·········
свитер

كنزة كم طويل
·········
свитер

سترة فضفاضة
·········
спортивная куртка

سترة
·········
жакет

معطف
·········
пальто

معطف مطري
·········
плащ

زي - طقم نسائي
·········
костюм

ثوب
·········
платье

ثوب الزفاف
·········
свадебное платье

طقم

мужской костюм

قميص نوم

ночная сорочка

بيجاما

пижама

ساري

сари

حجاب

платок

عمامة

тюрбан

برقع

паранджа

قفطان

кафтан

عباءة

абайя

مايوه

купальник

سروال سباحة

плавки

شرت

шорты

بدلة رياضية

спортивный костюм

مئزر

фартук

قفازات

перчатки

زر

пуговица

نظارة

очки

إسوارة

браслет

عقد

цепочка

خاتم

кольцо

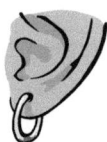

قرط

серьга

طاقيّة

шапка

علاقة ثياب

вешалка

قبّعة

шляпа

ربطة العنق

галстук

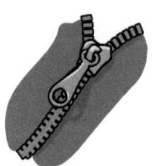

سحّاب

застежка молния

خوذة

шлем

حمّالة البنطلون

подтяжки

اللباس المدرسي

школьная форма

زي موحّد

форма

مريلة الأطفال
....
детский нагрудник

مصّاصة
....
соска

لفافة
....
подгузник

مكتب

офис

خزانة الملفات
канцелярский шкаф

المخدّم
сервер

طابعة
принтер

شاشة
монитор

ورقة
بومة
бумага

طاولة المكتب
письменный стол

قأرة
мышь

ملف
папка

لوحة المفاتيح
клавиатура

قماما
корзина для бумаг

حاسوب
компьютер

كرسي
стул

كأس من القهوة
....
кофейная кружка

الآلة الحاسبة
....
калькулятор

الإنترنت
....
интернет

الحاسوب المحمول

ноутбук

رسالة

письмо

خبر

сообщение

الهاتف المحمول

мобильный телефон

شبكة

сеть

جهاز تصوير

ксерокс

البرمجيات

программа

هاتف

телефон

مقبس كهربائي

розетка

فاكس

факс

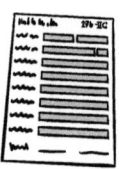

استمارة

формуляр

وثيقة

документ

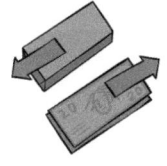

يَشْتَري

покупать

يدفع

платить

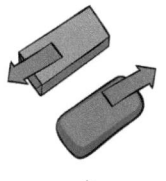

يتاجر

торговать

مال

деньги

دولار

доллар

يورو

евро

ين

иена

روبل

рубль

فرنك سويسري

франк

يوان

жэньминьби юань

روبية

рупия

صرّاف آلي

банкомат

مكتب صرافة

пункт обмена валюты

ذهب

золото

فضة

серебро

نفط

нефть

طاقة

энергия

سعر

цена

عقد

договор

ضريبة

налог

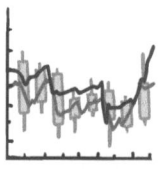

سهم

акция

يعمل

работать

موظف

служащий

رب العمل

работодатель

مصنع

фабрика

متجر

магазин

المِهَن

профессии

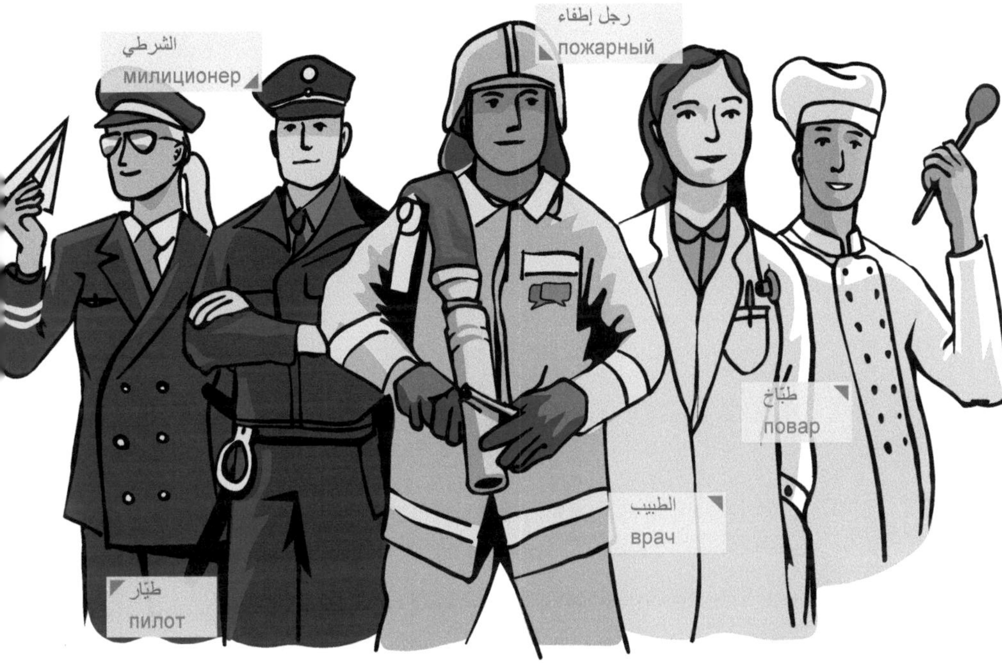

الشرطي
милиционер
رجل إطفاء
пожарный
طبّاخ
повар
الطبيب
врач
طيّار
пилот

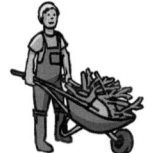

بستاني

садовник

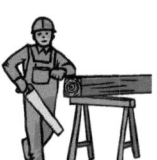

نجّار

столяр

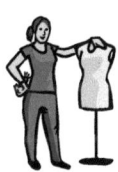

خيّاطة

швея

قاض

судья

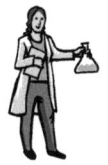

كيميائي

химик

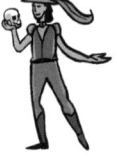

ممثل

актёр

سائق حافلة

водитель автобуса

سائق تاكسي

таксист

صياد سمك

рыбак

أجيرة للتنظيف

уборщица

بنّاء سقف

кровельщик

نادل

официант

صيّاد

охотник

رسّام

художник

خبّاز

пекарь

كهربائي

электрик

عامل بناء

строитель

مهندس

инженер

لحّام

мясник

سمكري

сантехник

ساعي البريد

почтальон

جندي

солдат

مهندس معماري

архитектор

أمين صندوق

кассир

بائع الزهور

флорист

حلاق

парикмахер

مراقب القطار

кондуктор

ميكانيكي

механик

قبطان

капитан

طبيب أسنان

зубной врач

رجل العلم

ученый

حاخام

раввин

إمام

имам

راهب

монах

كاهن

священник

عدة عمل

инструменты

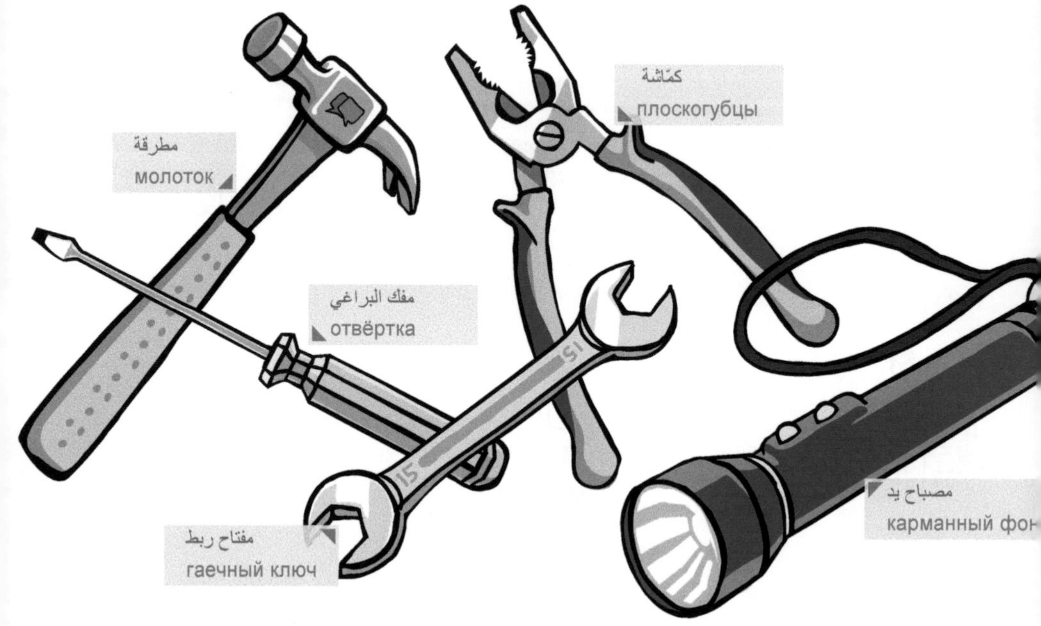

مطرقة
молоток
كمّاشة
плоскогубцы
مفك البراغي
отвёртка
مفتاح ربط
гаечный ключ
مصباح يد
карманный фон

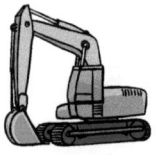

جرافة

экскаватор

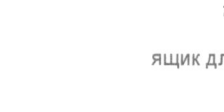

صندوق العدة

ящик для инструментов

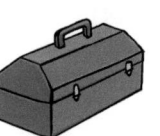

سلّم

стремянка

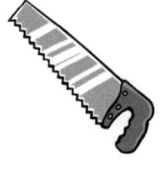

منشار

пила

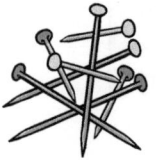

مسامير

гвозди

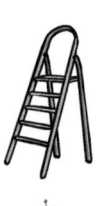

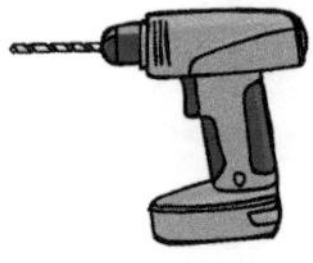

مثقب

дрель

يصلح
ремонтировать

مجرفة
лопата

اللعنة
Блин!

لقاطة الكناسة
совок

سطل الألوان
ведро с краской

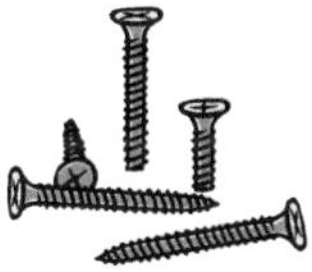

براغي
винты

آلات موسيقية

музыкальные инструменты

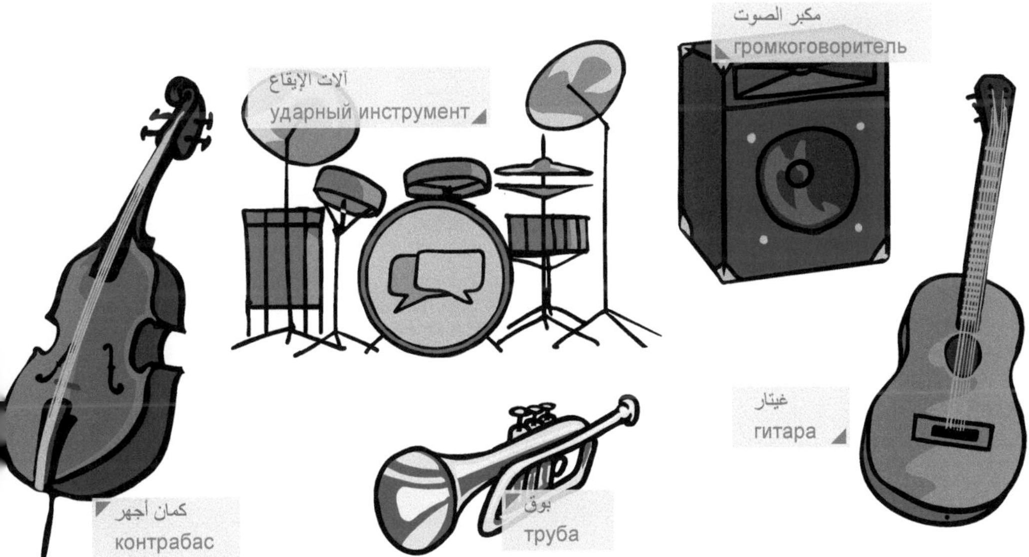

آلات الإيقاع
ударный инструмент

مكبر الصوت
громкоговоритель

غيتار
гитара

كمان أجهر
контрабас

بوق
труба

بيانو

пианино

كمنجة

скрипка

جهير

бас-гитара

طبل كبير

литавры

طبل

барабан

بيانو كهربائي

синтезатор

ساكسوفون

саксофон

ناي

флейта

ميكروفون

микрофон

حديقة حيوانات

зоопарк

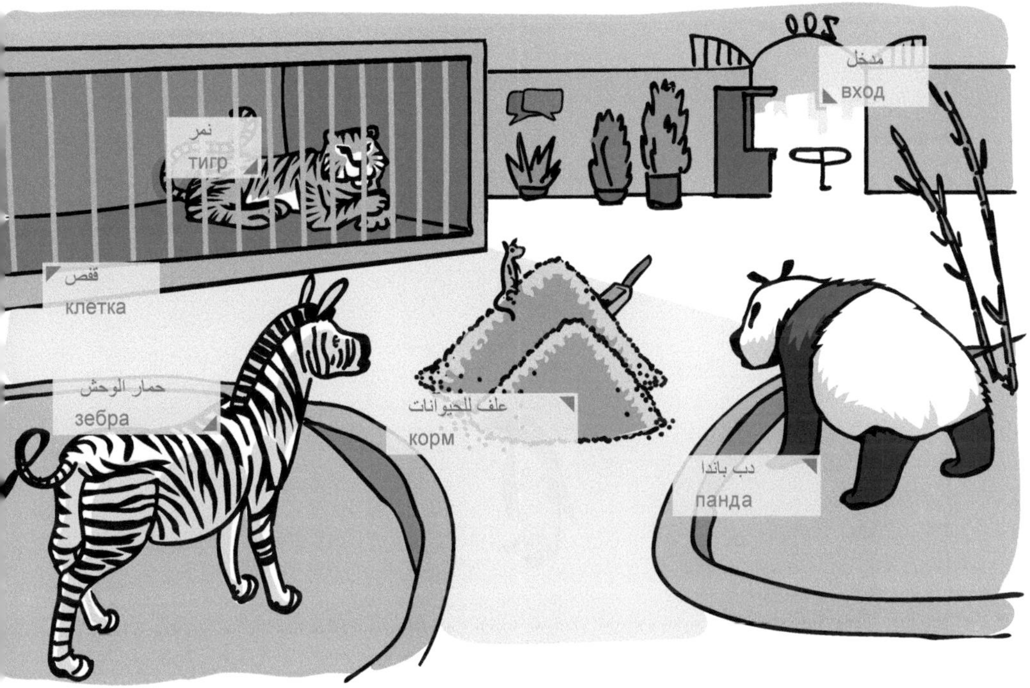
ZOO
مدخل
вход
نمر
тигр
قفص
клетка
حمار الوحش
зебра
علف للحيوانات
корм
دب باندا
панда

حيوانات

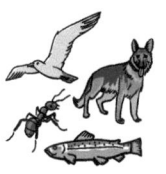

животные

فيل

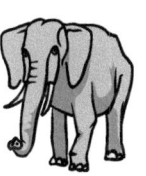

слон

كنغر

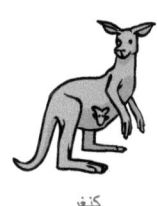

кенгуру

وحيد القرن

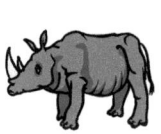

носорог

غوريلا

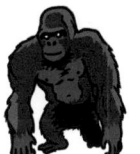

горилла

دب

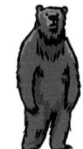

медведь

جمل

верблюд

نعامة

страус

أسد

лев

قرد

обезьяна

طائر فلامينغو

фламинго

ببغاء

попугай

دب قطبي

белый медведь

بطريق

пингвин

سمك القرش

акула

طاووس

павлин

أفعى

змея

تمساح

крокодил

حارس في حديقة الحيوان

служитель зоопарка

عجل البحر

тюлень

نمر أمريكي مرقط

ягуар

فرس قزم
пони

نمر
леопард

فرس النهر
бегемот

زرافة
жираф

نسر
орёл

خنزير برّي
кабан

سمك
рыба

سلحفاة
черепаха

حيوان فظ البحري
морж

ثعلب
лиса

غزال
газель

كرة القدم الأمريكية
американский футбол

ركوب الدراجات
езда на велосипеде

كرة التنس
теннис

كرة السلة
баскетбол

السباحة
плавание

الملاكمة
бокс

هوكي الجليد
хоккей

كرة القدم
футбол

الريشة الطائرة
бадминтон

ألعاب القوى الخفيفة
лёгкая атлетика

كرة اليد
гандбол

التزلج على الثلج
лыжный спорт

بولو
поло

نشاطات

действия

يضحك
смеяться
يقفز
прыгать
يعانق
обнимать
يمشي
идти
يغنّي
петь
يحلم
мечтать
يصلي
молиться
يقبل
целовать

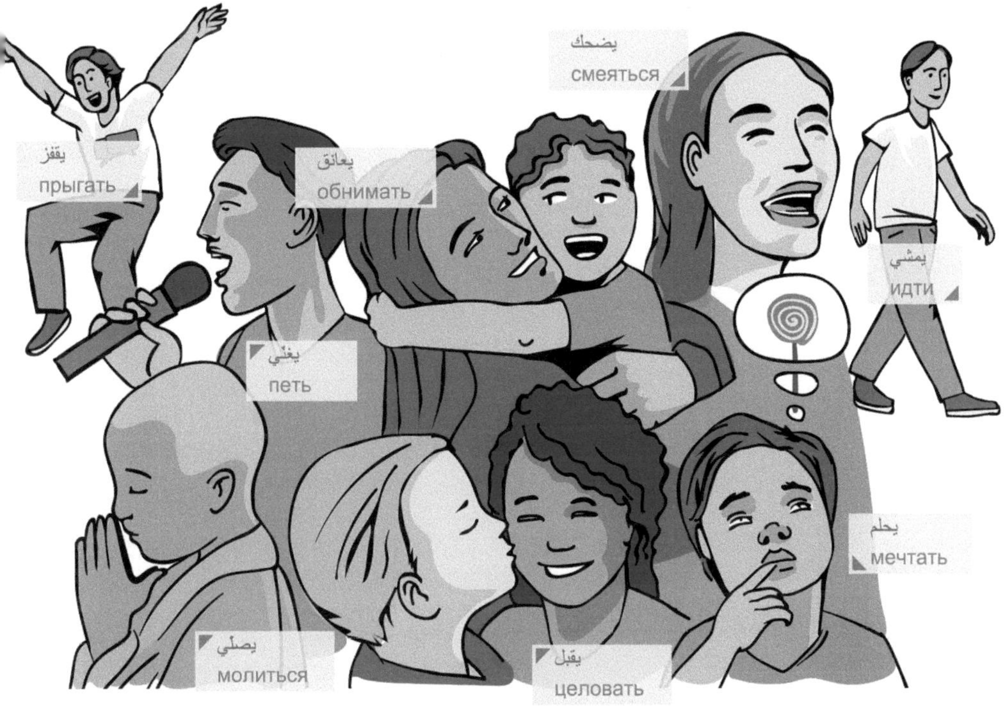

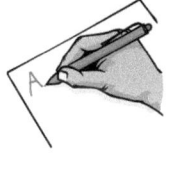

يكتب

писать

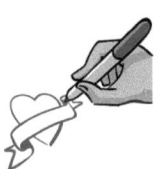

يرسم

рисовать

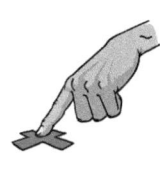

يُري

показывать

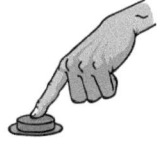

يدفع

нажимать

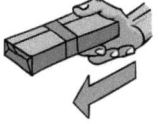

يعطي

давать

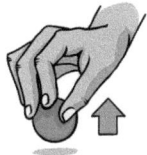

يأخذ

брать

يملك

иметь

يعمل

делать

يوجد

быть

يقف

стоять

يركض

бежать

يسحب

тянуть

يرمي

бросать

يقع

падать

يستلقي.

лежать

ينتظر

ждать

يحمل

носить

يجلس

сидеть

يلبس

надевать

ينام

спать

يستيقظ

просыпаться

ينظر إلى ..
رассматривать

يبكي
плакать

يمسّد
гладить

يمشّط
причесывать

يتكلّم
говорить

يفهم
понимать

يسأل
спрашивать

يسمع
слушать

يشرب
пить

يأكل
кушать

يرتّب
наводить порядок

يحب
любить

يطبخ
готовить

يقود
ехать

يطير
летать

يبحر بزورق شراعي

ходить под парусом

يحسب

считать

يقرأ

читать

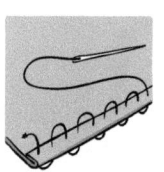

يتعلم

учиться

يعمل

работать

يتزوج

вступать в брак

يخيط

шить

ينظف أسنانه

чистить зубы

يقتل

убивать

يدخّن

курить

يرسل

отправлять

عائلة

семья

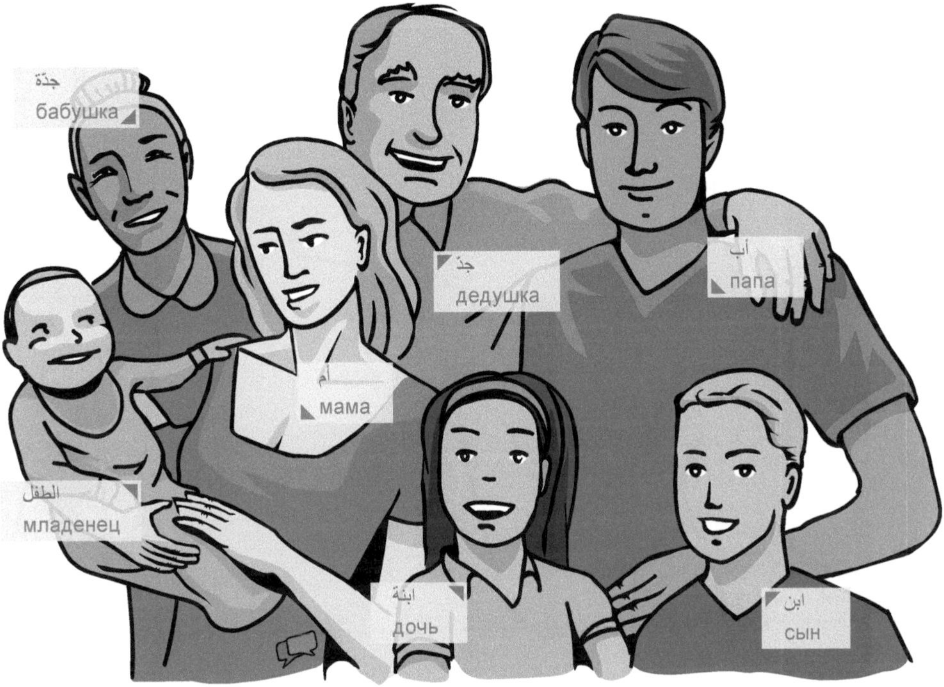

جدّة
бабушка
جدّ
дедушка
أب
папа
أم
мама
الطفل
младенец
ابنة
дочь
ابن
сын

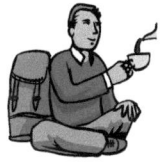

ضيف

гость

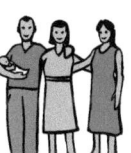

عمّة / خالة

тетя

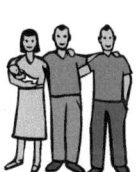

عمّ / خال

дядя

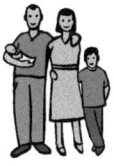

أخ

брат

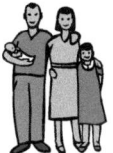

أخت

сестра

الجسم

тело

الجبين
лоб
العين
глаз
الكتف
плечо
الإصبع
палец
الوجه
лицо
الذقن
подбородок
اليد
кисть
الساق
нога
الصدر
грудь
الذراع
рука

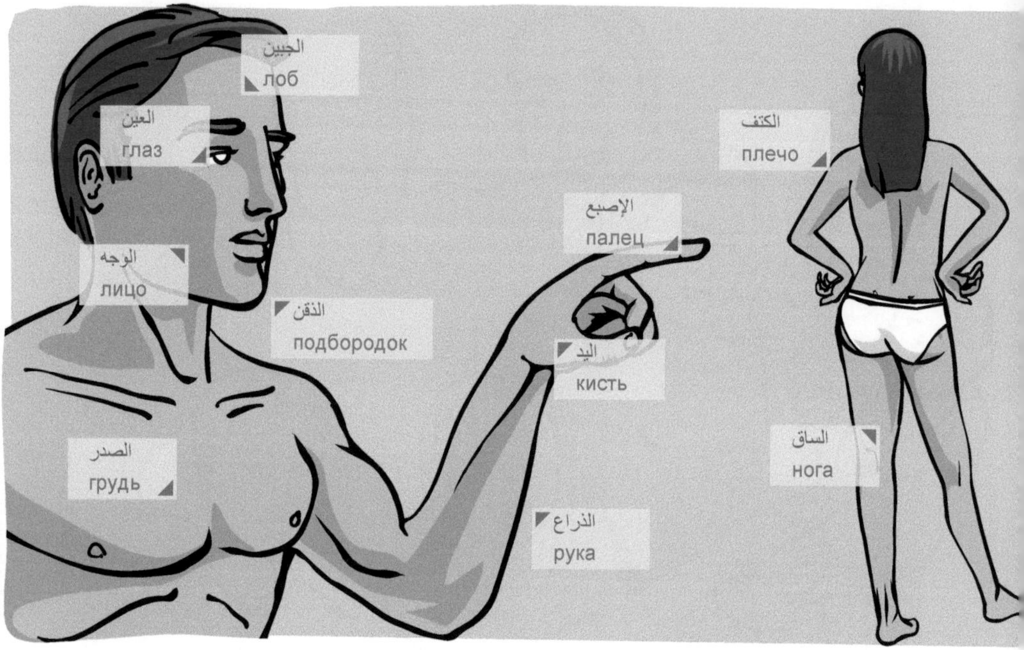

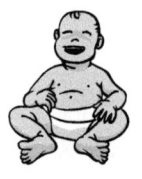

الطفل

младенец

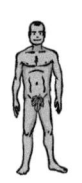

الرجل

мужчина

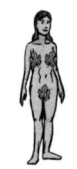

المرأة

женщина

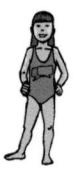

البنت

девочка

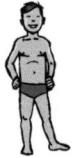

الولد

мальчик

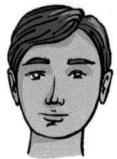

الرأس

голова

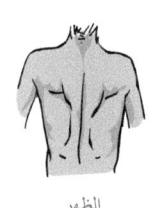

الظهر

спина

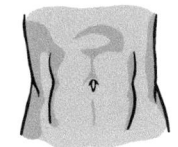

البطن

живот

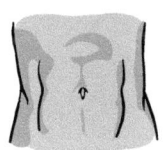

السرّة

пупок

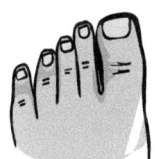

إصبع القدم

палец ноги

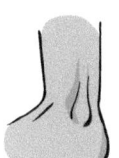

الكعب

пятка

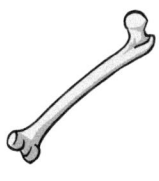

العظم

кость

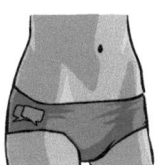

الورك

бедро

الركبة

колено

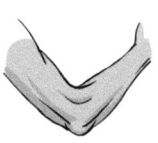

المرفق

локоть

الأنف

нос

العَجُز

ягодицы

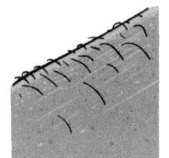

البشرة

кожа

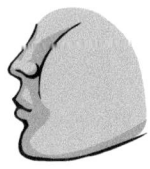

الخد

щека

الأذن

ухо

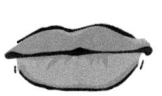

الشفة

губа

الفم

рот

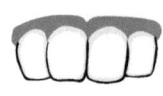

السن

зуб

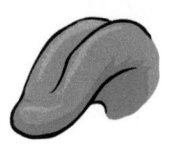

اللسان

язык

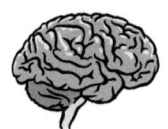

الدماغ

мозг

القلب

сердце

العضلة

мышца

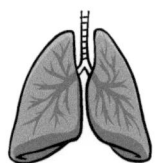

الرئة

лёгкое

الكبد

печень

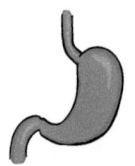

المعدة

желудок

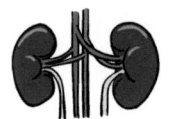

الكلى

почки

الاتصال الجنسي

половой акт

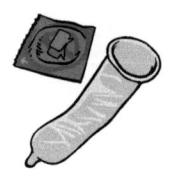

الواقي المطاطي

презерватив

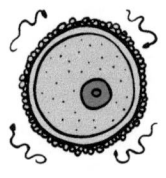

البويضة

яйцеклетка

المنيّ

сперма

الحمل

беременность

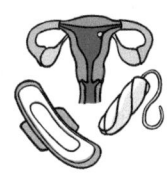

الحيض

менструация

المهبل

вагина

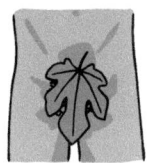

القضيب

пенис

الحاجب

бровь

الشعر

волосы

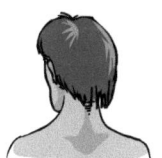

الرقبة

шея

المستشفى
больница

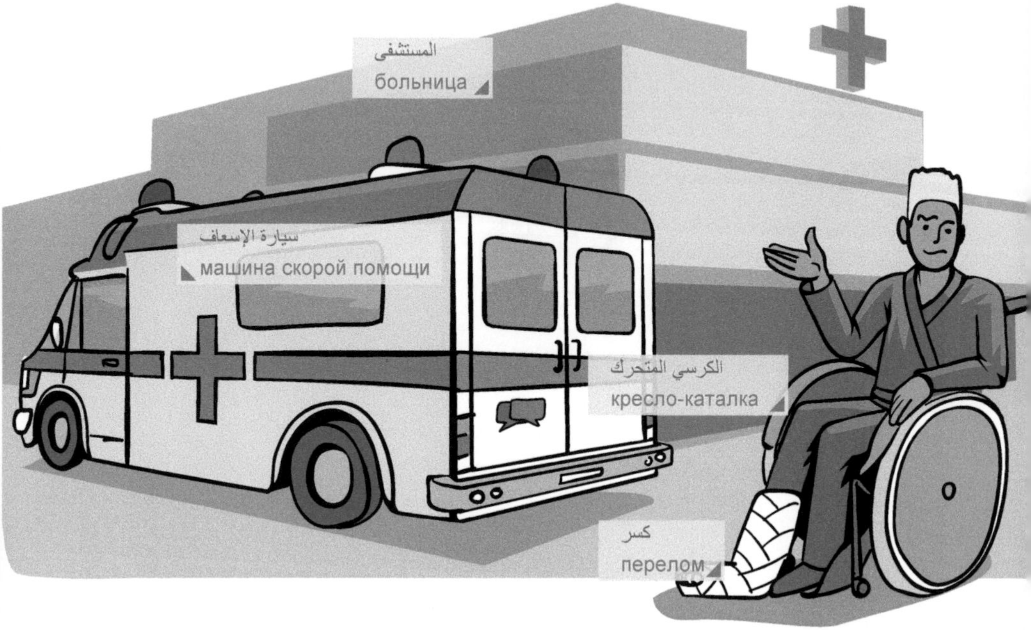

المستشفى
больница
سيارة الإسعاف
машина скорой помощи
الكرسي المتحرك
кресло-каталка
كسر
перелом

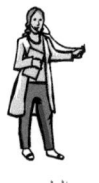

الطبيب

врач

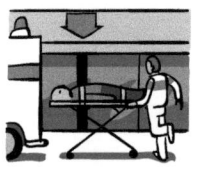

غرفة الإسعاف

пункт первой помощи

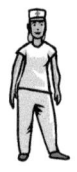

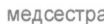

الممرضة

медсестра

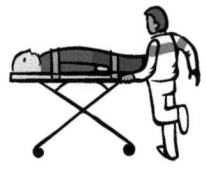

حالة

неотложный случай

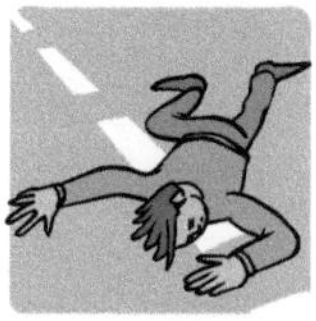

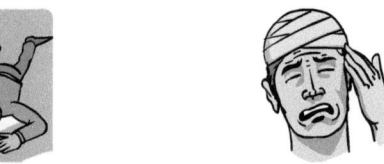

مغمى عليه

без сознания

الألم

боль

إصابة

повреждение

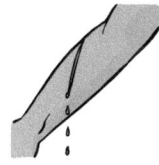

النزيف

кровотечение

احتشاء القلب

инфаркт

جلطة

инсульт

حسسية

аллергия

السعال

кашель

الحُمَّى

повышенная температура

إنفلونزا

грипп

الإسهال

понос

وجع الرأس

головная боль

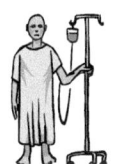

السرطان

рак

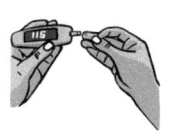

مرض السكر

диабет

جرّاح

хирург

مبضع

скальпель

عملية

операция

سيتي سكان

КТ

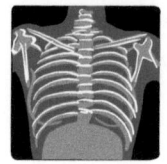

الأشعة السينية

рентген

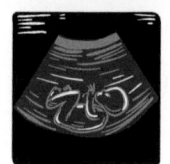

فوق الصوتي

ультразвук

القناع

маска

المرض

болезнь

غرفة الانتظار

приёмная

العُكاز

костыль

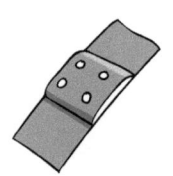

شريط لاصق

пластырь

ضماد

бинт

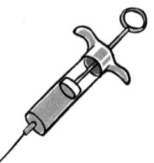

حقنة

укол

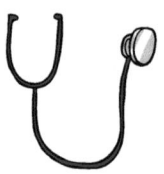

سمّاعة الطبيب

стетоскоп

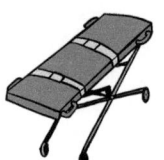

نقالة

носилки

ميزان حرارة

термометр

ولادة

рождение

وزن زائد

избыточный вес

جهاز السمع

слуховой аппарат

المواد المعقمة

дезинфекционное
средство

عدوى

инфекция

فيروس

вирус

الإيدز

ВИЧ / СПИД

الطب

лекарство

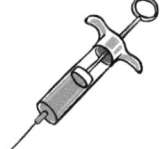

اللقاح

прививка

أقراص الدواء

таблетки

حبّة الدواء

противозачаточная
таблетка

نداء النجدة

экстренный вызов

مقياس ضغط الدم

прибор для измерения
кровяного давления

مريض / صحيح

больной / здоровый

النجدة!

Помогите!

إنذار

сигнал тревоги

اعتداء

нападение

هجوم

атака

خطر

опасность

مخرج طوارئ

запасной выход

حريق!

Пожар!

جهاز الإطفاء

огнетушитель

حادث

несчастный случай

حقيبة الإسعاف الأولي

аптечка

أنقذونا

SOS

الشرطة

милиция

أوروبا

Европа

أمريكا الشمالية

Северная Америка

أمريكا الجنوبية

Южная Америка

أفريقيا

Африка

آسيا

Азия

أستراليا

Австралия

المحيط الأطلسي

Атлантический океан

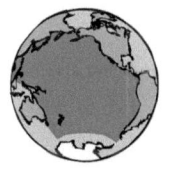

المحيط الهادي

Тихий океан

المحيط الهندي

Индийский океан

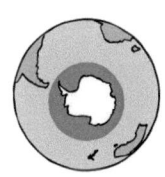

المحيط المتجمد الجنوبي

Антарктический океан

المحيط المتجمد الشمالي

Северный Ледовитый океан

القطب الشمالي

Северный полюс

القطب الجنوبي

Южный полюс

منطقة القطب الجنوبي

Антарктика

أرض

земля

بر

суша

بحر

море

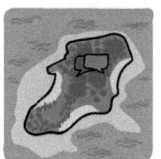

جزيرة

остров

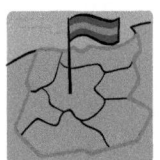

أمة

нация

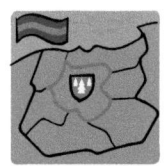

دولة

государство

ميناء الساعة

циферблат

عقرب الساعات

часовая стрелка

عقرب الدقائق

минутная стрелка

عقرب الثواني

секундная стрелка

كم الساعة الآن؟

Который час?

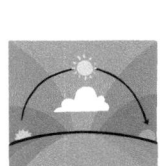

يوم

день

زمن

время

الآن

сейчас

ساعة رقمية

электронные часы

دقيقة

минута

ساعة

час

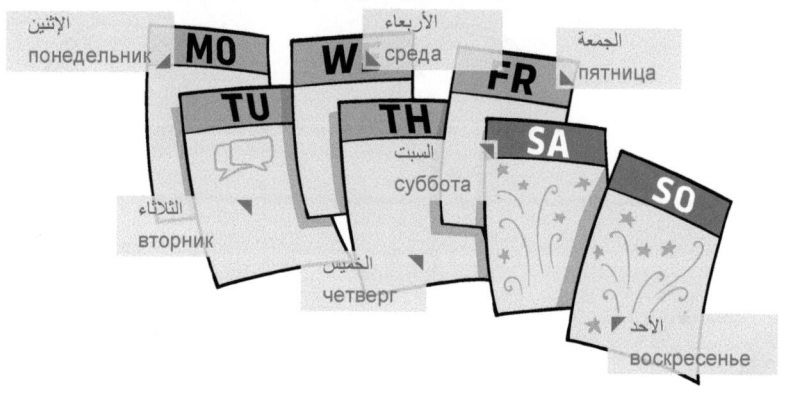

الإثنين
понедельник

الأربعاء
среда

الجمعة
пятница

الثلاثاء
вторник

الخميس
четверг

السبت
суббота

الأحد
воскресенье

الأمس

вчера

اليوم

сегодня

غداً

завтра

الصباح

утро

الظهر

полдень

المساء

вечер

أيام العمل

рабочие дни

نهاية الأسبوع

выходные

سنة

год

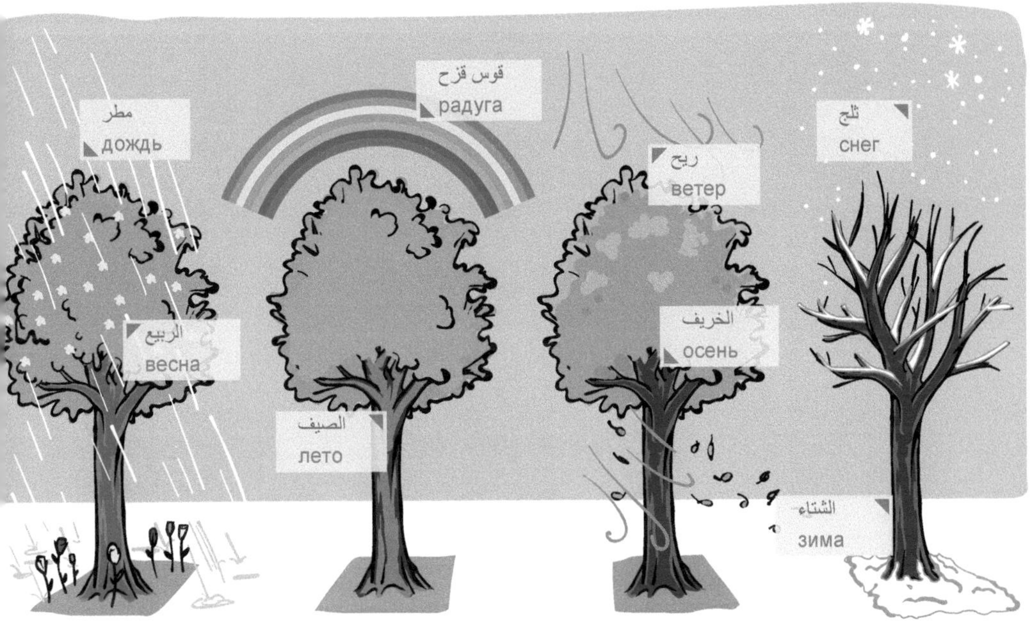

مطر
дождь
قوس قزح
радуга
ريح
ветер
ثلج
снег
الربيع
весна
الصيف
лето
الخريف
осень
الشتاء
зима

4.APRIL 11°
5.APRIL 4°
6.APRIL 13°
7.APRIL 8°
8.APRIL 10°

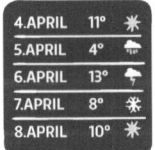

التنبؤ بالحالة الجوية

прогноз погоды

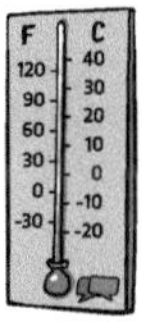

F C
120 40
90 30
60 20
30 10
0 0
-30 -10
-20

مقياس حرارة

термометр

ضوء الشمس

солнечный свет

سحابة

туча

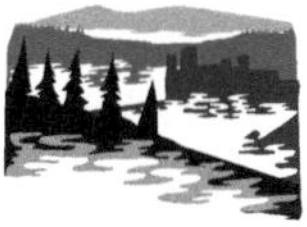

ضباب

туман

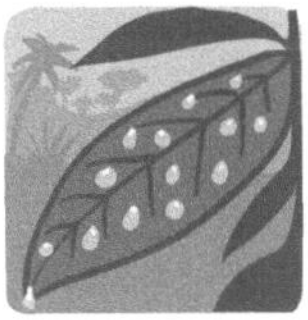

رطوبة الجو

влажность воздуха

برق
....
молния

رعد
....
гром

عاصفة
....
буря

بَرَد
....
град

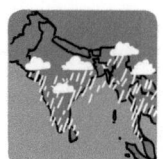

ريح موسمية
....
муссон

طوفان
....
наводнение

جليد
....
лёд

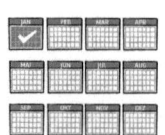

كانون الثاني / يناير
....
январь

شباط / فبراير
....
февраль

آذار / مارس
....
март

نيسان / أبريل
....
апрель

أيار / مايو
....
май

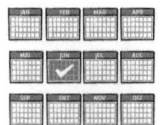

حزيران / يونيو
....
июнь

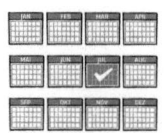

تموز / يوليو
....
июль

آب / أغسطس
....
август

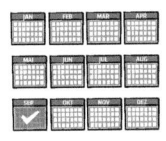

أيلول / سبتمبر
....
сентябрь

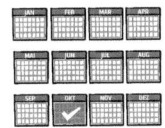

تشرين الأول / أكتوبر
....
октябрь

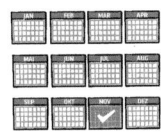

تشرين الثاني / نوفمبر
....
ноябрь

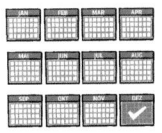

كانون الأول / ديسمبر
....
декабрь

أشكال

формы

دائرة
....
круг

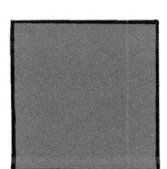

مربّع
....
квадрат

مستطيل
....
прямоугольник

مثلّث
....
треугольник

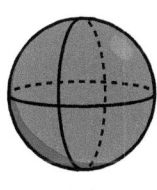

كرة
....
шар

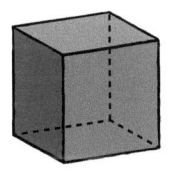

مكعب
....
куб

أبيض

белый

أصفر

желтый

برتقالي

оранжевый

وردي

розовый

أحمر

красный

بنفسجي

лиловый

أزرق

синий

أخضر

зелёный

بنّي

коричневый

رمادي

серый

أسود

черный

كثير / قليل

много / мало

غضبان / هادئ

яростный / мирный

جميل / قبيح

красивый / уродливый

بداية / نهاية

начало / конец

كبير / صغير

большой / маленький

فاتح / قاتم

светлый / темный

أخ / أخت

брат / сестра

نظيف / وسخ

чистый / грязный

كامل / ناقص

полный / неполный

نهار / ليل

день / ночь

ميت / حيّ

мёртвый / живой

عريض / ضيّق

широкий / узкий

صالح للأكل / غير صالح

съедобный / несъедобный

شرّير / لطيف

злой / дружелюбный

مثير / ممل

взволнованный /
скучающий

سمين / نحيف

толстый / худой

أولاً / أخيراً

сначала / в конце

صديق / عدو

друг / враг

مليء / فارغ

полный / пустой

صلب / لين

твёрдый / мягкий

ثقيل / خفيف

тяжёлый / легкий

جوع / عطش

голод / жажда

مريض / صحيح

больной / здоровый

غير شرعي / شرعي

незаконный / законный

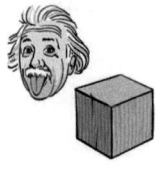

ذكي / غبي

умный / глупый

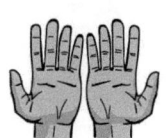

يسار / يمين

слева / справа

قريب / بعيد

близко / далеко

جديد / مستعمل

новый / подержанный

لا شيء / بعض الشيء

ничто / нечто

مسن / شاب

старый / молодой

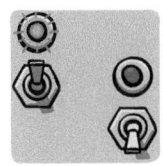

يشعل / يطفئ

включено / выключено

مفتوح / مغلق

открыто / закрыто

خافت / عالٍ

тихо / громко

غني / فقير

богатый / бедный

صح / خطأ

правильный /
неправильный

أخرش / أملس

шероховатый / гладкий

حزين / سعيد

печальный / счастливый

قصير / طويل

короткий / длинный

بطيء / سريع

медленный / быстрый

مبلول / جاف

мокрый / сухой

ساخن / بارد

тёплый / прохладный

حرب / سلم

война / мир

0
صفر

ноль

1
واحد

один

2
اثنان

два

3
ثلاثة

три

4
أربعة

четыре

5
خمسة

пять

6
ستة

шесть

7
سبعة

семь

8
ثمانية

восемь

9
تسعة

девять

10
عشرة

десять

11
أحد عشر

одиннадцать

12

اثنا عشر
....
двенадцать

13

ثلاثة عشر
....
тринадцать

14

أربعة عشر
....
четырнадцать

15

خمسة عشر
....
пятнадцать

16

ستة عشر
....
шестнадцать

17

سبعة عشر
....
семнадцать

18

ثمانية عشر
....
восемнадцать

19

تسعة عشر
....
девятнадцать

20

عشرون
....
двадцать

100

مائة
....
сто

1.000

ألف
....
тысяча

1.000.000

مليون
....
миллион

الإنكليزية

английский

الإنكليزية الأمريكية

американский английский

لغة ماندارين الصينية

мандаринский китайский

الهندية

хинди

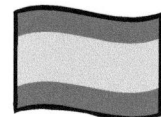

الإسبانية

испанский

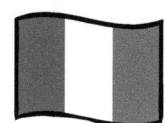

الفرنسية

французский

العربية

арабский

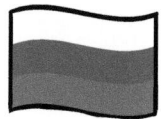

الروسية

русский

البرتغالية

португальский

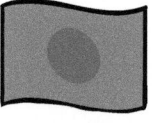

البنغالية

бенгальский

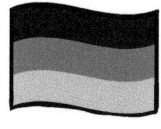

الألمانية

немецкий

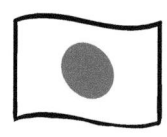

اليابانية

японский

أنا

я

أنت

ты

هو / هي

он / она / оно

نحن

мы

أنتم

вы

هم

они

من؟

кто?

ماذا؟

что?

كيف؟

как?

أين؟

где?

متى؟

когда?

اسم

имя

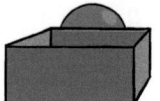

خلف

за

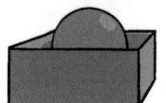

في

в

أمام

перед

فوق

над

على

на

تحت

под

جنب

рядом

بين

между

مكان

место